U0111716

大展好書　好書大展
品嘗好書　冠群可期

大展好書　好書大展
品嘗好書　冠群可期

中華傳統武術 27

山西洪洞通背拳

附DVD

李果鎖 著

大展出版社有限公司

編委會名單

編委會主任

　　秦根基

編　委

　　李果鎖　高更偉　李清岩

　　何國上　衛　明　劉　君

中國著名書法家長安吳三大先生題字

洪洞通背拳第七代傳人
晉南象棋冠軍范作舟先生

中國洪洞通背拳研究院院長
洪洞通背拳第八代傳人
洪洞通背拳泰斗秦根基先生

洪洞通背拳第八代
傳人秦根基大師

洪洞通背拳第八代
傳人許林生先生

作者與師傅秦根基

秦根基師傅與本書動作演練者合影
前排秦根基師傅，後排左起劉君、
李清岩、何國上、李果鎖、李增智

作者與師弟李清岩

作者（右）與師弟
何國上（左）、李清岩（中）

九代弟子與師傅合影

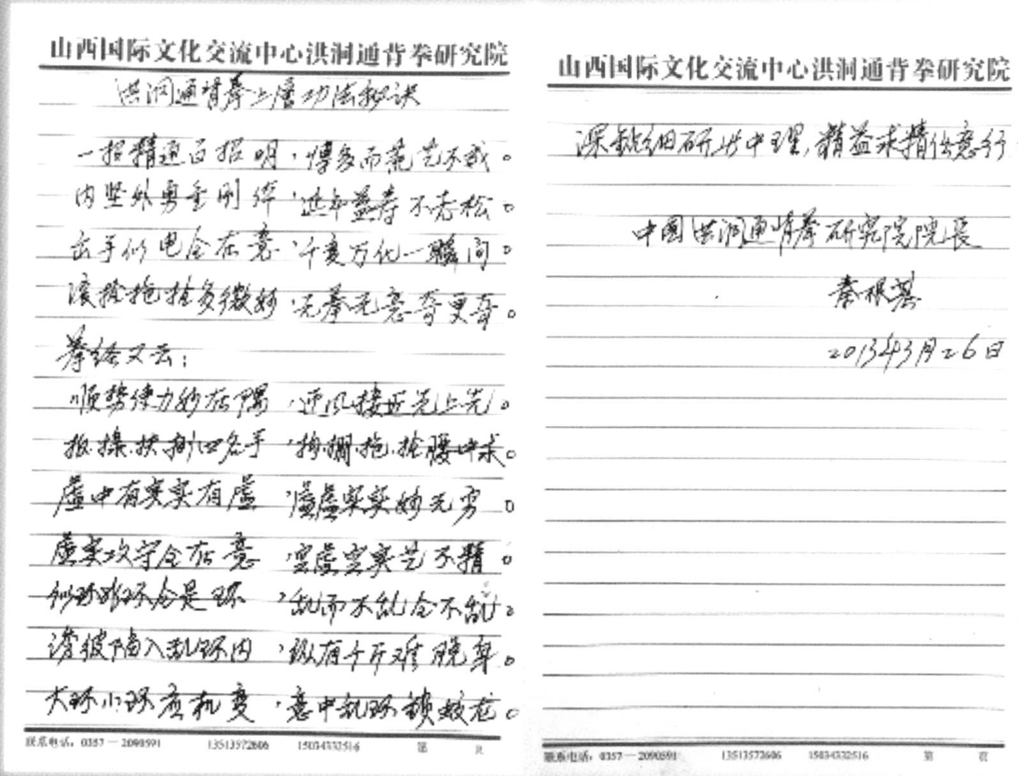

秦根基師傅解密洪洞通背拳手稿

洪洞通背拳研究會徽章

洪洞通背拳研究會段位證正面

洪洞通背拳研究會段位證背面

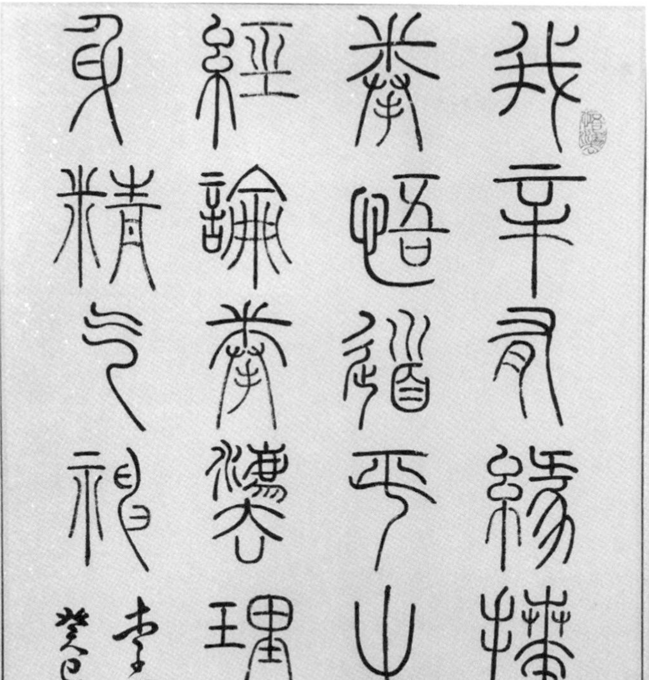

通背緣

序

洪洞通背拳歷史悠久，是中國最古老的拳種之一，是套路、器械、擊技、用法最完整的拳法之一。一代宗師郭永福，武藝超群，拳技爐火純青，曾經被乾隆皇帝賜號「神拳」。歷代通背拳高手及弟子們，為維護正義，呼喚和平，捨生忘死，浴血奮戰，為國家為民族做過諸多貢獻。

洪洞通背拳一代大師范作舟是我的恩師，畢業於山西大學。恩師德高望重，精通拳理，武功卓著，為交流拳理，切磋拳技足跡遍及大江南北。沙國政、李天驥、常振芳、柴龍雲等大師均是恩師生前武學好友。其子范效文，跟隨毛澤東、朱德、彭德懷、陳賡等轉戰南北，立下赫赫戰功，是「八一」軍功章獲得者。其孫范新勝現為中國毛澤東研究院副院長，一生致力於中國紅色文化的傳承。

恩師生前教導我：「習練通背拳術當為國效力。洪洞通背拳的發揚光大，需要有品德，有愛國愛民之心，有一定悟性的人來傳承。」

我與徒弟李果鎖，相識四十餘年，他博覽群書，為人豪爽大方，忠義俠勇，又多幾分儒雅之氣。他是文人中的武者，是武者中的文人。他常說：「洪洞通背拳歷史文化悠久，不僅是一門高深的武術技術，更是一種不敗的精神！」

多少年來，我與洪洞通背拳的不離不棄，使我堅定信念：洪洞通背拳一旦走向世界，必是人類寶貴的財富。

出手似電，剛柔相濟；行雲流水，變化萬端；無拘無束，神鬼難測。無招、無形、無勢、無法是我通背拳習練者的最高追求。

洪洞通背拳涵蓋中國五千年之文化，擁有拳術原生態之運動。敬德跳澗、張飛擂鼓、關平端印、劉全進瓜、霸王舉鼎、韓信埋伏，一招一勢又見英雄風采。引誘回衝、指上打下、撩左打右、聲東擊西，兵法無處不在。以柔克剛、動靜螺旋、滾拴拖拴、纏繞連環、寸勁爆炸、有形無形之圈。該拳分九排，一百單八勢，以及若干器械、拳路。刀、槍、棍、劍、鞭、鐵、耙子、斧頭、鐮刀等等，內容豐富，奧妙無窮。

李果鎖多年來習練洪洞通背拳，並當成人生一大樂事，陶冶情操，強身健體，切磋交流。多年的辛勤汗水，多年的廣泛涉獵，彙集成《山西洪洞通背拳》。本書思想觀點新穎獨到，內涵豐富，透過書中原勢原貌，研究者必能窺其正宗。

伴隨大型電視連續劇《通背神拳》的開拍《山西洪洞通背拳》一書也將面世，這是洪洞通背拳蓬勃發展中的又一大幸事。

中國洪洞通背拳研究院院長
洪洞通背拳第八代傳人 秦根基

學拳悟道

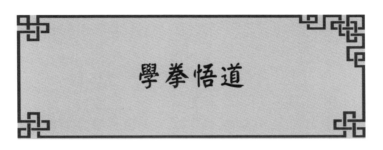

欲學拳，拜明師，悟其道，明其理。
意氣君，骨肉臣，意之專，堅如鋼。
守規矩，脫規矩，合規矩，不蹈矩。
迎風接，先上先，後人發，先人至。
彼不動，己不動，彼欲動，己先動。
文武道，曰張弛，慢猶快，緩猶急。
你隨行，我隨形，上下中，不留情。
曰神速，曰近遠，要直接，須簡單。
內三合，外三合，整體力，身如鑄。
滾托拴，不丟頂，順勢力，妙在隅。
得手纏，順勢繞，扳中摟，摟中纏。
重纏繞，意中環，大小圈，應機變。
隨遇生，應手跌，順中逆，逆中順。
三節明，變化精，裡外捌，妙無窮。
拳無功，一場空，千斤力，四兩功。
意行氣，氣運身，守中線，忌雙重。

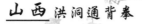

一招精，百招明，博多荒，藝不成。
冷絕快，穩準狠，八不打，牢記心。
意人先，弱勝強，退中進，防中攻。
膽力功，拳用心，敵後手，力如牛。
怎麼打，怎麼練，練套路，想用法。
分中合，合中分，剛中柔，柔中剛。
制其本，閉其根，破其勢，靜制動。
千招解，快難破，以不變，應萬變。
拳用腰，無定招，用意念，拳中仙。
拳無拳，意無意，無拳意，奇更奇。
詭之道，詐之術，正當兵，奇奪勝。
兵似水，避實擊，始處女，後脫兔。
虛而實，實而虛，實而實，虛而虛。
各門派，都精彩，通背拳，萬代傳。

目　錄

基礎篇

拳術簡介

洪洞通背拳是我國武術寶庫中的六大拳種之一，是明朝洪武年間師祖陳卜在山西洪洞縣廣濟寺大槐樹下習練的一古老拳種，到清朝乾隆年間，古槐後裔郭永福逃返祖籍山西洪洞縣蘇堡劉家後，才得到了廣泛的傳播，盛行於山西晉南一帶，流傳於大江南北。

該拳是一種內外相合、剛柔相濟的傳統拳術。其有剛柔進退之妙；虛實閃躲之法；迅雷不及掩耳之速；動如猛虎靜如山之勢；貓抓、鷹翻、雞鬥、燕穿、兔拐、狗閃之巧；左右旋轉，上下貫通，風格獨特，奧妙無窮。

習練通背拳能增強體質，延年益壽，更有極高的攻防技擊價值。易學、易練，亦快、亦慢，男女老幼皆可習之。

通背：通者，來往無阻也。背者，脊背也。它在軀幹部位佔據重要地位，向上是頭部，左右由兩肩達於兩臂，向下由腰胯達於兩腿。總之，精、氣、神由背部通過，遍於全身，達於四梢，來往無阻，四通八達。

洪洞通背拳分為九排，上、中、下之別，共一百單八勢（又組成若干套路）。

從內容上分為：七星、四大名手、八步、五身、五靠、八掌、八炮、七拳、二十四手、三十六肘、二十四腿、六六三十六跌、散打三十六招、七十二拿、通背短打一百單八招、一手分為八手、八八六十四手、拳打七門等。

七星：一頭、二肩、三手、四肘、五胯、六膝、七足。

四大名手：扳、摟、扶、捌。

八步：弓步、馬步、仆步、歇步、虛步、騰步、一霎步、丁字步。

五身：側身、橫身、移身、轉身、虛身。側身順步、橫身拗步、轉身歇步、移身一霎步、虛身丁字步。

五靠：前後靠、貼身靠、單背靠、飛仙靠、滾身靠。

八掌：推胸掌、飛仙掌、白虎洗臉掌、群仙掌、湯風掌、托肚掌、捧金盒掌、仙人掌。

八炮：當頭炮、沖天炮、連珠炮、單攔炮、孤身炮、翻花炮、窩裡炮、挽手提炮。

七拳：左右紅拳、按手紅拳、轉身紅拳、護心拳、庇身拳、抹眉紅拳、七星拳。

從練法上分為：八法、八要、六合、六縱、六巧、十則。

從人體上分為：五位、三節、四梢、五行、脈絡。

五位：身為元帥、頭為帥令、眼為先行、手為戰將、腿為根。

三節：是對人體各部位分節而言，就全身來說：分為梢節、中節、根節。三節中又分為梢節、中節、根節，三三共為九節。手為梢節、身為中節、腿為根節。

梢三節：手為梢節、肘為中節、肩為根節。

中三節：頭為梢節、胸為中節、丹田為根節。

根三節：足為梢節、腿為中節、胯為根節。

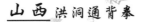

這九節必須合二為一，練拳時必須氣貫全身各節，精神貫注，梢節練手法、中節練身法、根節練步法。

四梢：即人身的四個末梢。髮為血梢、四指為筋梢、牙為骨梢、舌為肉梢。四梢齊則精神倍增，髮欲衝冠、指欲透骨、舌欲摧齒、牙欲斷金、四梢齊發則膽力穩定。

五行：內對人之五臟，外對人之五官。

外五行：即眼、耳、鼻、口、舌。眼通肝屬木、耳通腎屬水、鼻通肺屬金、口通脾屬土、舌通心屬火。

脈絡：身體主要脈絡，即任、督二脈。

任脈：起於承漿，直至陰前高骨處。

督脈：由尾閭直上，經夾背，過泥丸，下印堂，至人中。

透過練習能使任、督二脈接通，可使周身氣行滾滾，氣血通暢。

武德與武戒

——節選自洪洞通背拳第六代傳人樊一魁大師《武訓》

武 德

習文事者，首先敦品。演武術者，首先重德。益品德者，可以節制一切不軌之行為，可以趨向光明，善良之軌道。倘不講武德，懷技妄為，適足增社會之罪案，造人群之禍水。故欲習武術，當先重武德。

忠：立身作事，當存忠實，竭誠盡力，赤心宣勞。倘使狡詐成性，言行相違，朝秦暮楚，欺謊誑騙，於忠之道，大相背謬矣。

孝：百行孝為先，古人言之詳矣。因人之初生以至長成之生活過程賴父母，劬勞之恩甚為重大。為人子者，即當承順親志。竭力圖報，此為立身之本。倘使負恩不報，忤逆時加，則根本即失，遑論服務社會，效力國家耶。

義：人之做事，首當認明事理，以義為主載。不可徒恃血氣之勇，而招喪敗之禍。昔孟子輿氏有云：自反而縮，雖褐寬博，吾不惴焉。自反而不縮，雖千萬人吾往矣，亦即養義有素之謂也。

勇：果敢勇為，斯謂之勇。所以武術之目的，是要以強健之體格，神奇的技術，勇於衛國，勇於保民，勇於作生產事業，勇於改過，勇於剷除社會不平，勇於打倒自己退瑟畏葸之觀念。所以勇字就是浩然之氣，亦即大無畏的精神。

智：認明曲直，辨別是非，斯謂之智。所以事業之進退，伸屈全以智力為主體。例如興利除弊，經邦濟世，以及一切大小事物，非有智力不能達到完滿之目的。

仁：喜生惡死，愛人惜物，仁之一字，包羅萬象，發於良心，歸於道德的就是仁。韓文公云：博愛之謂仁，魯論說志士仁人，無求生以害仁，有殺生以成仁。足見仁字力量之偉大，所以遇慘忍之事，當哀憐之，對無告之民，當扶濟之，澤及枯骨，文王之仁德。普及解網三面，成湯之恩德，浩大行仁，則春風浩蕩，違仁則秋氣蕭殺，是以人之存心做事，切勿背乎仁道。

謙：謙受益，古有明訓。謙之意義，就是有若無，實若虛。以能問於不能以多問，於寡則謙和致詳，不驕不盈，自可收集思廣益之效。

和：和平是安定社會，國家之正道，立身處世的要素。無論大小事業失之於剛愎，成之於和平。蓋能和平不矜不伐，不偏不易，以人之長補我之短。兼之態度和藹，言語溫婉，當無乖戾之氣，囂張之風，融融一生，人不我忌，何樂如之。

據上所述，誠為立身之方針，行之則順，違之則逆，習武術者，應注意於此。

武　戒

武術門中要講戒律，否則暴戾恣睢之惡劇，將要表演於社會。凶忍殘傷之怪像，亦必現形於人群。所以武術之中必要以武戒為金科玉律。

忌嫉：嫉賢嫉能，君子不為。與己無長進之益，對外有量隘之名，應力戒之。

爭鬥：好勇鬥狠，最足損名，喪行招仇，積怨於家為逆子，於國為壞人，應力戒之。

貪色：女色禍人，古有明徵。橫慾亂性，損壽損行，甚且亡國，敗家為害最烈，應力戒之。

酗酒：貪慾過度，亂性情，喪人格，荒廢職業，耽誤大事，並有因之而起毆鬥之事，悖亂之行，應力戒之。

戒忌嫉：須有豁通大度的氣量。

戒鬥爭：須抱忍讓溫良的德行。

戒貪色：須立以理制慾的耐性。

戒酗酒：須振毅然決然的精神。

功法篇

「拳無功，一場空。」意思就是練拳不練功，到老一場空，所以練拳必須練功。

所謂功就是練出力量，霸王舉鼎。練出速度，出手似電。練出化勁，四兩撥千斤。練出爆發力，迅雷不及掩耳。練出寸勁，敵後手力如牛。近取為近，防不勝防。練耐力，有韌性。內外兼修，功成自就。

馬步樁

1.預備勢：自然站立（圖1-1）。

2.起勢：（圖1-2、圖1-3）。

圖1－1

圖1－2

圖1－3

3.扳手

馬步左扳手：右捌左扳手（圖1-4）。

馬步右衝拳：三動連貫做（圖1-5）。

圖1－4

圖1－5

馬步右扳手：左捌右扳手（圖1-6）。

馬步左衝拳：三動連貫做（圖1-7）。

4.摟手

馬步右摟手：左捌右摟手（圖1-8、圖1-9）。

圖1－6

圖1－7

圖1－8

圖1－9

馬步左摟手：右捌左摟手（圖1-10、圖1-11）。

5.扶手

馬步左扶手：右捌左扶手（圖1-12）。

馬步右衝拳：三動連貫做（圖1-13）。

圖1－10

圖1－11

圖1－12

圖1－13

馬步右扶手：左挒右扶手（圖1-14）。

馬步左衝拳：三動連貫做（圖1-15）。

6.挒手

馬步右挒手：（圖1-16）。

馬步左挒手：（圖1-17）。

圖1－14

圖1－15

圖1－16

圖1－17

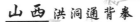

馬步左雙捌：（圖1-18）。

馬步右雙捌：（圖1-19）。

7.收勢：（圖1-20～圖1-22）。

圖1－18

圖1－19

圖1－20

圖1－21

圖1－22

走步樁

1.預備勢：自然站立（圖1-1）。

2.起勢：（圖1-2、圖1-3）。

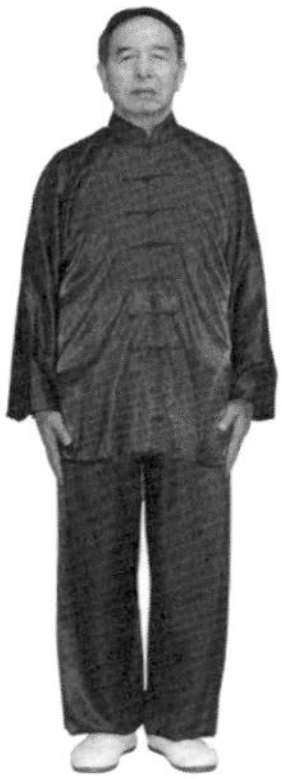

圖1－1

圖1－2

圖1－3

3. 左轉身90°，高虛步左捌手（圖1-4）。

4.扳手

上右弓步，右捌左扳手右衝拳（仰拳）（圖1-5、圖1-6）。

圖1－4

圖1－5

圖1－6

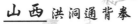

上左弓步，左捌右扳手左衝拳（仰拳）（圖1-7、圖1-8）。

左拗步，右捌左扳手右衝拳（平拳）（圖1-9、圖1-10）。

圖1－7

圖1－8

圖1－9

圖1－10

上右拗步，左捌右扳手左衝拳（平拳）（圖1-11、圖1-12）。

5.左轉身90°，馬步右捌左扶左點肘（圖1-13）。

圖1－11

圖1－12

圖1－13

6.摟手

左轉身90°，左弓步右捌手左摟手（圖1-14）。

上右弓步左捌手，右摟手（圖1-15）。

上左半馬步，左捌手，右摟手（圖1-16）。

上右半馬步，右捌手，左摟手（圖1-17）。

圖1－14

圖1－15

圖1－16

圖1－17

7.左轉90°，馬步右捌左扶左點肘（圖1-18）。

8.扶手

左轉身90°，上右丁步右捌左扶手，右虛步右衝拳（圖1-19、圖1-20）。

圖1－18

圖1－19

圖1－20

上左丁步左挒右扶手，上左虛步左衝拳（圖1-21、圖1-22）。

變左拗虛步，右挒左扶右衝拳（圖1-23、圖1-24）。

圖1－21

圖1－22

圖1－23

圖1－24

上右拗虛步，左捌右扶左衝拳（圖1-25、圖1-26）。

9.左轉身90°馬步，右捌左扶左點肘（圖1-27）。

圖1－25

圖1－26

圖1－27

10.捌手

左轉身90°上右虛步，左扶手右捌手（圖1-28）。

上左虛步，右扶手左捌手（圖1-29）。

圖1－28

圖1－29

圖1－30

圖1－31

馬步左雙捌手（圖1-30）。

上右步、馬步右雙捌手（圖1-31）。

11.馬步左捌右扶右點肘（圖1-32）。

12.收勢（圖1-33～圖1-35）。

圖1－32

圖1－33

圖1－34

圖1－35

套路篇

通背拳九排一百單八勢

第一排（13勢）

拳　譜

懶插衣立勢高強，丟下腿出步單陽。

七星拳手足相顧，探馬勢太祖高傳。

當頭炮勢衝人怕，中單鞭誰敢當先。

跨虎勢挪移發腳，拗步勢手足活便。

壽桃勢如牌低進，拋架子當頭按下。

孤身炮翻花舞袖，拗鸞肘肘中有肘。

起勢（面南）（圖1-1）

1.懶插衣立勢高強

左扶手、左點肘、右推掌（向左上方）；向右跨步成右弓步、右捩手、右插掌；右手繞環左扶下摟變勾手提、同時左腳向右併步成左丁步（目視左肘）（面南）（圖1-2）。

2.丟下腿出步單陽

向左跨步成左弓步、雙掛肘、雙劈拳（面南）（圖1-3）。

圖1－1

圖1－2

圖1－3

3.七星拳手足相顧

跟右步成左虛步、右扶裡捩、左衝拳（平拳）（面東）（圖1-4）。

4.探馬勢太祖高傳

左腳向左前方45°跨步，上右虛步、左劈拳、右騰拳；右腳向右前方45°跨步，上左虛步、右劈拳、左騰拳；左弓步、左摟扳、右高衝陰拳、左中衝拳（平拳）、右撩陰捶（面東）（圖1-5）。

5.當頭炮勢衝人怕

面向右前方45°（東南）右摟，右拗步、左騰手；上左拗步、左摟、右騰手（聲東擊西）；向左雙捌手、右斬腳；右挪拳（拳心向外）、左

圖1－4

圖1－5

高衝拳（平拳）（面東南）（圖1-6）。

圖1—6

6.中單鞭誰敢當先

左後轉180°，退左腿併步下蹲，左下劈拳；上左步跟右步，震腳成左丁步，兩拳同時向上向左右兩側擊下（面向西北）（圖1-7）。

7.跨虎勢挪移發腳

上左步，提右膝（右金雞獨立），右上插掌；蹲步右下摟手變勾手（面西北）（圖1-8）。

圖1—7

圖1—8

8.拗步勢手足活便

雙跳，上右弓步，右插手，上左弓步左插手，右抹眉，左拗步，雙拳向前後衝擊；右轉身180°威勢；上右弓步，右插手，上左弓步左插手，右後插步，左勾手；右轉180°右挒，左抹眉、右拗步，雙拳同時向左右衝拳（面東南）（圖1-9、圖1-10）。

9.壽桃勢如牌低進

左轉身45°左撇拳，右拳貫耳，同時右斬腳；落步右虛步，右裹肘，左手附於右拳裡側（面東）（圖1-11）。

10.拋架子當頭按下

右轉身90°右弓步，右撩陰，向右併步，

圖1－9

圖1－10

右挒手（面南）；左後轉180°左弓步，右扳左插、上右弓步、左扳右插，左後插步、右勾手；左轉360°，左扳、右白虎洗臉掌，右踩腳；左蹬腳、左手拍左腳裡側、左仆步雙掌外推（右掌後推、左掌前按）（面北）（圖1-12背、圖1-12正）。

圖1－11

11.孤身炮

起身左弓步、雙摟手挺胸（雞子見胸）；提右膝（右金雞獨立），左扳、右上衝拳（掌心向

圖1－12背

圖1－12正

圖1－13

前）（面北）（圖1-13）。

12.翻花舞袖

右轉身180°上右左步、左虛步、右劈拳、左砸拳（壓肘）雙拳向左打出，均為陰拳；右前叉步、右後劈拳；左轉身180°跳步成右仆步、雙拳向左右劈擊（面南）（圖1-14）。

13.拗鸞肘

威勢；右弓步、右插掌、左弓步、左插掌；右後叉步左勾手；右轉身右撇拳（合肘）、右拗步、左拗鸞肘（面南）（圖1-15）。

圖1－14

圖1－15

第二排（8勢）

拳　譜

左右紅拳鐵身靠，前後點肘彼難逃。

五女穿梭倒騎龍，連珠炮打猛將兵。

猿猴看果誰敢偷，鐵甲將軍也要走。

左右雲手高四平，仍封腳奪子能致命。

小紅拳火焰攢心，斬手炮鳳鸞藏肘。

14.左右紅拳

左後轉180°，左弓步、左插手、右後勾手，上右步併步右捌手（面北）；左轉90°，威勢；提右膝（右金雞獨立）、左扳右上插掌；上右步、左挪掌、右推掌（掌心均向前）（面西）；左轉身180°，左弓步左捌手、上右步變馬步（面北）；左捌、右抹眉、雙肘側擊；右轉身90°，右弓步、右捌、上左步變馬步（面南）、左抹眉、雙肘側擊（圖1-16背、圖1-16正）。

15.玉女穿梭倒騎龍

右轉90°威勢；上右弓步、右插手、左後勾手（勾尖朝下），上左弓步、左插手、右後勾手（勾尖朝下）、上右後叉步、左勾手提；右轉身

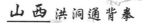

270°，右弓步、右挒手、上左弓步、左插手、右高摟手、左拗步，左手繞回（摟）變勾手，右手向前上推擊，目視左斜後方（左倒騎龍）（圖1-17、圖1-18）。

圖1－16背

圖1－16正

圖1－17

圖1－18

16.連珠炮打的猛將雄兵

右轉身180°，右高弓步、右點肘；右劈拳、上左虛步、左砸拳（壓肘），上右後叉步，雙拳猛前擊（拳心均向下）；右轉身360°，右劈拳上左虛步、左砸拳（壓肘）雙拳猛前擊（拳心均向下）；右轉身360°跳步、左仆步、雙向劈拳（面東）（圖1-19背、圖1-19正）。

圖1－19背

圖1－19正

17.猿猴看果誰敢偷、鐵甲將軍也要走

跟右腿、左虛步、左扶手；上右弓步、左扳、右插掌，上左後叉步、右勾手（提）（面東）；左轉180°上左弓步、左捌手，上右虛步、右擺（裏）肘下撩陰捶，翻手外旋一圈，用掌擊打（下海擒龍）左掌附於右臂裡捌（面西）（圖1-20）。

18.雲手高四平

右腳扣步（八卦步）五個雲手，右弓步、右捌手（面西）；左轉身180°，右腳向左併步，左捌手（面東）（圖1-21）。

19.仍封腳奪子

提左膝、左捌手、右推掌（向左斜上方），提右膝、左扳、右上插掌，落步右拗步，右高

圖1－20

圖1－21

摟、左前上推掌（目視右斜後方）（右倒騎龍）；左轉180°，上右步蹲步。右拳擊地，左高踹腳（面東）（圖1-22）。

20.小紅拳火焰攢心

落左腳、上右仆步雙向劈拳，右劈拳、上左虛步、左砸、右衝拳（平拳）左衝拳、上右步併步，右衝拳（平拳）（面東）（圖1-23）。

21.斬手炮鳳鸞藏肘

左轉身180°，跳步右仆步雙向劈拳；上左後叉步左扳右劈拳，左轉180°，左騰掤拳（拳眼向下）、右側衝拳（平拳）（目視右拳）、馬步（面北）；左轉180°雙劈拳（拳心向上）右撩腳，提左膝、左合掌、落左腳左弓步，右斬手；右摟手左斬手，提左膝（左金雞獨立）左騰手、

圖1－22

圖1－23

圖1－24

右栽拳、提肘、左拗步（或左虛步）（面西）（圖1-24）。

第三排（10勢）

拳　譜

窩裡炮閃驚巧取，井攔勢迎門直入。

庇身拳轉身吊打，指襠勢剪鐮踢膝。

左右扶金雞獨立，頂心肘朝陽起鼓。

護心拳轉降快腿，拈肘勢逼退英雄。

22.窩裡炮

圖1－25

上右弓步右插手、向右併步右勾手；左轉身180°，左金雞獨立、左扶手、踢左腳左手斜拍左腳裡側；左右雲手、騰步、左弓步、左掤拳、右衝拳（陰拳）（圖1-25）。

23.井攔直入勢

上右弓步、右插掌、上左後叉步、右勾手（面西），左轉身360°，左騰、捌、右攔肘、馬步（面北），右轉身90°，右衝拳（仰拳）、右捌、跟左步併步、左衝拳（平拳）（面東）（圖1-26、圖1-27）。

24.庇身拳轉身吊打

右轉身180°，右劈拳、左壓、右砸拳、併步（蹲步）；退右步右倒弓步、右捌挪拳、左拳橫下打（陰拳）（圖1-28背、圖1-28正）。

25.指襠勢

馬步（面北）、雙挎肘雙向衝拳（平拳）；右轉身90°右虛步、左騰右拳指襠（陰拳）；左

圖1－26

圖1－27

扳、右上翻高衝拳（仰拳）（圖1-29）。

26.剪鐮踢膝

左鑽拳、左截腿；右上插手、右斬腳；二起腳、右手拍右腳（面東）（圖1-30）。

圖1－28背

圖1－28正

圖1－29

圖1－30

27.金雞獨立

左轉身180°，左扶手、左金雞獨立；右扶手、右金雞獨立（面西）（圖1-31右、圖1-31左）。

圖1－30

圖1－31

28.朝陽起鼓

落右步上左蓋步、右扳、左鑽拳（仰拳）；上右弓步、左扳、右頂心肘（面西）（圖1-32）。

圖1－32

29.護心拳

左轉身、左拐肘；上左弓步、左插手、上右後叉步、左勾手，右轉身270°提右膝（右金雞獨立）、右劈拳；掤拳（拳心向前）、左拳護心（拳心向下）右拗弓步（面東北）（圖1-33背、圖1-33正）。

30.轉降快腿

左轉身45°馬步（面北）、雙挎肘、雙向衝拳（平拳）；左轉身90°雙捌手；右撩腳、雙手挽花、左腳上踢（腳面繃直）、右手拍左腳（圖1-34）。

31拈肘勢逼退英雄

落左腳成左弓步、左插手、上右弓步右插手、上左後叉步右勾手；左轉身270°，右裡

圖1－33背

圖1－33正

捌、左衝拳、左扶手、右拈肘（面西）（圖1-35）。

圖1－34

圖1－35

第四排（16勢）

拳譜

反筋背骨小擒拿，拿鷹捉兔硬開弓。
下紮勢閃驚巧取，倒紮勢誰人敢攻。
朝陽手便身防腿，一條鞭打進不忙。
懸腳勢誘彼輕進，騎馬勢衝來敢當。
一霎步往裡就踩，抹眉紅下海擒龍。
左抓右打上山伏虎，野馬分鬃張飛擂鼓。
雁翅勢穿椿一腿，庇來腳入步連心。

圖1－36

32.嚇一聲小擒拿休走

左插手、右弓步、右插手、左後叉步、右勾手；左轉身360°，左捌右釘肘，左金絲纏腕，右捌手、左扳手、右上托掌（右金絲纏腕）馬步（面南）（圖1-36）。

33.拿鷹捉兔硬開弓

右轉身90°，右捌、左扳（拿）、上馬步右衝拳（提）（平拳）、左衝拳（平拳）（面西）（圖1-37背、圖1-37正）。

34.下紮勢閃驚巧取

左轉身90°向左跨左步成馬步、左點肘、

圖1－37背

圖1－37正

右金雞獨立、右高插掌；落右拗步、右摟、左（上）推掌（右倒騎龍）（面南）；左轉身180°左挒、右蹲步、右下紮捶（面北）（圖1-38）。

35.倒紮勢誰人敢攻

右後轉身（翻身180°）右挒、左扶手、左金雞獨立；落步馬步、雙向勾手（向左右）；左轉身90°上右虛步、左扳、右上衝拳（陰拳）；退右步左丁步、右扶手、左倒紮捶（面南）（圖1-39）。

36.朝陽手

左轉身（翻身）135°，跨左步成左虛步、左撇拳（面東北）上右步獨立、左腳勾於右膝窩處、右上托掌（虎口朝上、掌心向裡）（面西）（圖1-40）。

圖1－38

圖1－39

圖1－40

圖1－41

37.便身防腿

左扳、上右蓋步、右下插手、上左仆步、雙向推掌；左捌、右裡合腿、左手拍打右腳裡側（面西）（圖1-41）。

38.一條鞭打進不忙

左右雲手、跳步上左弓步、左掤拳（拳眼向前）右衝拳（中陰拳）（面西）（圖1-42）。

39.懸腳勢誘彼輕進

右轉身180°，右撇拳、左擺肘、左踹腳；左騰插手、落左腳、上右弓步、雙推掌（面東）（圖1-43）。

圖1－42

圖1－43

40.騎馬勢衝來敢當

左轉身180°，左捌、蹲步右抓（抓土）、左踹腳；左扳、右撩腳、右白虎洗臉掌；落右腳、上左步變馬步、左中捌、右衝拳（陰拳）（面東南）（圖1-44）。

41.一霎步往裡就踩

右轉身、右虛步、右劈拳、上左步、上右後叉步、右單鳳貫耳；右轉身270°，右仆步雙向推掌；右虛步、右（騰）劈拳；左虛步、左（騰）劈拳；上右蓋步（右踩腿）右下插掌；上左仆步、雙向推掌（面西）（圖1-45）。

42.抹眉紅蓋世無雙、下海擒龍

左捌、上右弓步、右抹眉紅；遞進右弓步、

圖1－44

圖1－45

右下海擒龍（面西）（圖1-46、圖1-47）。

43.上山伏虎

左轉身180°，左弓步、左插手、右後勾手、右金雞獨立、左扳、右高插手；左金雞獨立、左右開掌；落左弓步、左扳、右高衝拳（陰拳）（面東）（圖1-48）。

44.野馬分鬃、張飛擂鼓

上右虛步、右下海擒龍；左轉身180°左弓步、左右掌分出（左掌前挒、右掌後按）；上右弓步、左右掌分出（右掌前挒、左掌後按）；倒回右後叉步、左勾手；右轉身、左拳砸、右高拳砸、左腳勾於右膝窩處，目視右拳（拳眼均向上）（面西）（圖1-49～圖1-51）。

圖1－46

圖1－47

圖1－48

圖1－49

圖1－50

圖1－51

45.雁翅勢穿樁一腿

左轉身180°，上右蓋步（踩）右下插手；上左仆步雙向推掌，右前斬手；右手摟掤、左勾手前提、左斬腳（三動同時進行）（面東）（圖

1-52）。

46.庇來腳

落左腳、上右金雞獨立、右高插掌；落右虛步、左扶手、右下插掌（面東）（圖1-53、圖1-54）。

圖1－52

圖1－53

圖1－54

47.入步連心

圖1－55

左轉身180°提左腿、左合掌；上右步成右拗步、右摟手、左衝拳（平拳）（面西）（圖1-55）。

第五排（14勢）

拳　譜

雀地龍按下滾踢，朝天蹬立起撩尾。
雞子見胸用肩擊，白鶴亮翅將彼戲。
黑虎攔路禦敵進，胡僧托缽項下用。
燕子啣泥左右搜，二龍戲珠陰陽愁。
賽過神槍肋腰擊，丘捩手去貫耳戲。
神顯手左扳右掌，鬼蹴腳撲前掃後。
霸王舉鼎展神勇，韓信埋伏困項君。

48.雀地龍按下

右弓步、右插掌、左後叉步、右勾手；左轉身180°，左扳右插手（推掌）、右撩腳；左踹腳；右蹬腳；左後轉360°，右腳落地全蹲、右膝著地、左腳向前蹬踢；落地成左仆步、兩掌雙向斬出（面西）（圖1-56背、圖1-56側）。

49.朝天蹬立起

左拳拎、右擺肘、左後叉步、右拳下橫打（陰拳）；左轉身270°，左掤右上衝拳（陰拳）右腳後蹬踢（面西）（圖1-57）。

50.雞子見胸

右轉身180°，右弓步、右捌手、上左步右倒弓步、左扶手、雙摟手環繞身後變勾手（面東）（圖1-58）。

51.白鶴亮翅

左弓步、右摟手左合手；上右弓步、左摟手右合手（圖1-59、圖1-60）。

圖1－56背

圖1－56側

圖1－57

圖1－58

圖1－59

圖1－60

52.黑虎攔路

上左後叉步右勾手、左轉身180°左點肘；左金雞獨立、左右格肘；左弓步雙拳前擊（平拳）（圖1-61）。

圖1－61

圖1－62

53.胡僧托缽

左衝拳右衝拳（平拳）上右弓步、左扳右托掌（面東）（圖1-62）。

54.燕子啣泥

左後轉180°上右虛步、威勢；右弓步右插手、左弓步左插手、右後叉步左勾手；右轉身270°，馬步右點肘；右轉身提右膝右合手；右弓步、左插手；左腳撩踢、左弓步左下摟手；右弓步右下摟手（面西）（圖1-63、圖1-64）。

55.二龍戲珠

左後轉180°上右虛步、威勢；右弓步右插手、左弓步左插手、右後叉步左勾手；右後轉身270°右弓步右挒手、右高摟手左二指插；上左弓步、左高摟手右二指插（面東）（圖1-65右、圖

圖1－63

圖1－64

圖1－65右

圖1－65左

1-65左）。

56.賽過神槍

右後轉180°，右弓步右挒手、提左膝、左摟手、右衝拳（平拳）（面西）（圖1-66）。

57.丘挒手

落左腳、上右弓步、右插掌左後勾手；併左步左插手，右後叉步左勾手；右轉身270°，右挒手、右拎手、右弓步左推掌（面西）（圖1-67）。

58.左扳右掌

左轉身180°，左弓步左插掌、右丁步右插掌；左後叉步右勾手、左轉身270°左弓步、左（摟）扳、右推掌（面東）（圖1-68）。

59.鬼蹴腳撲前掃後

雙手擺於前胸；左歇步、右震腳、左踹腳；雙掌著地、右腿前掃、左腿後掃；起身左弓步左挒手（面西）（圖1-69、圖1-70）。

圖1－66

圖1－67

60.霸王舉鼎

上右弓步、右掌前合、左掌後按（塌掌）；變馬步、兩手抱於腹前；向右併步、雙手向上托舉（面南）（圖1-71）。

圖1－68

圖1－69

圖1－70

圖1－71

圖1－72

61.韓信埋伏

右弓步、右插掌、併步左插掌、右後叉步左勾手；右轉身270°，右弓步、右捋右扳、左蓋步左推掌；身向左轉（扭轉）左歇步、雙向推掌，目視左掌（面向南）（圖1-72）。

第六排（10勢）

拳　譜

左山右山不在川，前衝後衝打四方。
觀音獻掌虎鎖喉，童子拜佛肋下肘。
翻身過海顯神通，回回指路莫放鬆。
敬德跳澗退中進，單鞭救主防中攻。
青龍舞爪上下用，餓馬提鈴左右封。

62.左山勢右山勢

右轉身、右弓步右捋手、左扶手、左回煞踹腳；左虛步、雙劈拳；一煞步雙劈拳（左虛步）（面東北）；右轉身180°右虛步雙劈拳；一煞步、右虛步雙劈拳（面西南）（圖1-73、圖1-74）。

63.前衝後衝

左轉身135°上右步馬步、雙挎肘；左衝右衝拳（面北），左轉身180°上右步馬步、雙挎肘；左衝右衝拳（面南）（圖1-75背、圖1-75正）。

圖1－73

圖1－74

圖1－75背

圖1－75正

圖1－76

64.觀音獻掌

左扶手、右後叉步、左點肘；右轉身270°，右弓步右捌手；並左丁步、左扳、右托掌（掌心向外）（圖1-76）。

65.童子拜佛

左轉身180°，左弓步左插掌、上右弓步右插掌、左後叉步右勾手；左轉身270°，左弓步雙擺掌（面西北）（圖1-77背、圖1-77正）。

66.翻身過海

左插掌右後勾手；旋風腳（左騰空旋轉360°、左手拍右腳裡側）；右仆步、左扶手、右

圖1－77背

圖1－77正

撇捶（面西）（圖1-78）。

67.回回指路

左轉身上步、威勢；右弓步右插掌、左弓步左插掌、右後叉步左勾手；右轉身、右捌、左挺膝左旋肘；左捌、右挺膝右旋肘；上左弓步、左騰扳、右二指斜前插（面東）（圖1-79）。

68.敬德跳澗

右轉身180°右倒弓步、右劈拳；左轉身騰步、左倒弓步、左騰捌拳、右拳下打（繞環向裡向左斜下）（拳心向下）（面南）（圖1-80）。

69.單鞭救主

左轉身90°，左捌手、上右虛步、右撩陰捶；左轉身180°，左弓步左扳、右高衝拳（陰拳）（面西）（圖1-81）。

圖1－78

圖1－79

圖1－80

圖1－81

70.青龍舞爪

上右弓步、右插掌、左後叉步右勾手；左轉身270°左合手；左金雞獨立、左上勾手；上右弓步、右上勾手（面西）（圖1-82左、圖1-82右）。

圖1－82左

圖1－82右

71.餓馬提鈴

圖1－83

左衝拳、右衝拳（平拳）左騰手、右橫攔肘；左金雞獨立、雙捧掌、雙勾手，落左腳左弓步、雙推掌；上右弓步、左扳右推掌（面西）（圖1-83）。

第七排（11勢）

拳　譜

六封四閉十字手，金鋼搗碓用釘肘。
忽隱忽現下四平，秦王拔劍定乾坤。
存孝打虎順步開，鍾馗伏劍鬼不來。
左捩右托佛頂珠，反堂莊帶望門攢。
下壓勢封閉捉拿，連環進推山二掌。
虛中有實實有虛，羅漢降龍腦後擊。

72.六封四閉

左轉身180°，左弓步左挒手；上右步成馬步、十字手抱胸前（面北）（圖1-84背、圖1-84正）。

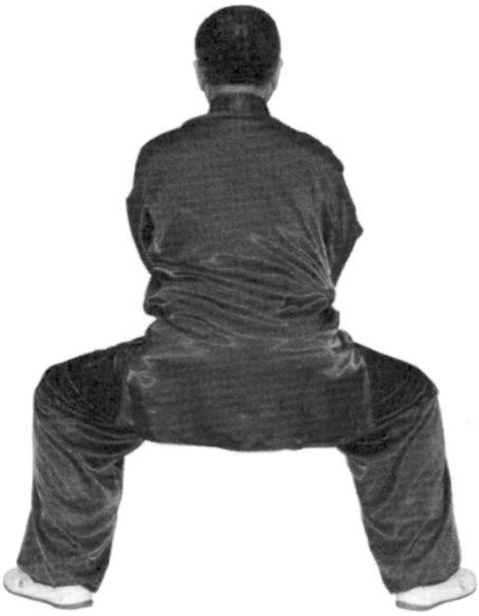
圖1－84背

圖1－84正

73.金鋼搗碓

左轉身、左弓步左挒手（面西）；右裡合腿、左手拍右腳裡側；右丁步、左挒、右釘肘（面南）（圖1-85）。

74.下四平

左轉身90°上右步、右弓步右插手、左後叉步右勾手；左轉身270°，左虛步、左騰左挒手（面東）（圖1-86）。

75.秦王拔劍

右後叉步左點肘；右轉身180°，右弓步右挒手、上左弓步、右扳左推掌；右騰左拗步、向右擰身、雙拳雙向擊打（拔劍勢、右高左低、拳眼相對）（斜視東北）（圖1-87）。

76.存孝打虎

右轉身180°成右弓步、右劈拳；上左弓步、左扳右拳上打（平拳）（面西）（圖1-88）。

圖1－85

圖1－86

圖1－87

圖1－88

77.鍾馗伏劍

上右弓步右插掌、左後叉步右勾手；左轉身180°左點肘；左手摟扳、左虛步右衝拳（平拳）（面西）（圖1-89）。

78.佛頂珠

上右蓋步、右拳後劈、上左弓步、左挒手；左轉180°，上右步成馬步，雙掌抱於腹前；雙掌上托（高於耳平）（面南）（圖1-90）。

79.反堂莊望門攢

右轉90°，右虛步、左扶手、右衝拳、提右膝（右金雞獨立）右上插掌；提左膝（左金雞獨立）、左抹眉變勾手提；提右膝（右金雞獨立）、右後撇拳（背拳）；落右腳、右拳單鳳貫

圖1－89

圖1－90

耳；向左擰身馬步、右裹肘（面南）（圖1-91背、圖1-91正）。

圖1－91背

圖1－91正

80.下壓勢封閉捉拿

右轉身90°，右弓步右捌手；左捌手、左外捌、右托肘（喜鵲裹枝）；左倒弓步雙捌手（面西）（圖1-92）。

圖1－92

81.推山二掌

右後叉步、右下插手；上左弓步、左摟扳、右推掌；身向右轉成馬步、右掤掌（掌心向前）、左手向左插掌（掌心向上）（面南）（圖1-93）。

82.羅漢降龍

右轉身90°，動步成右弓步右插掌、上左弓步左插掌、右後叉步左勾手；右轉身270°，右高弓步右點肘；右㧐手；上左拗步、左手扶扳（收於腰間變陰拳）、右拳向左上方繞環橫擊（拳眼向下）（目視左斜前方）（面西）（圖1-94）。

圖1－93

圖1－94

第八排（12勢）

拳　譜

右轉紅拳左跨馬，左轉紅拳右跨馬。

左右搭袖如穿梭，回頭摟膝護襠腳。

拗步一掌四指戳，架炮轉身三請客。

按手紅拳雙架樑，轉身紅拳單鳳朝陽。
高四平金雞曬膀，托天叉喉眼俱殘。
左右搭眉勾手提，天王降妖奇更奇。
急三錘連鐵翻杆，子胥托鞭尋平王。

83.左右紅拳跨馬

（右轉紅拳左跨馬，左轉紅拳右跨馬），右轉身180°，右弓步右捌手；上左步右轉180°成馬步（面南）雙拳收於腹前；提左膝（左金雞獨立），雙拳擺回、左腿下落成左弓拗步，同時右拳向右斜下方衝擊（平拳）；左轉左捌手左弓步、上右虛步、右擺（裏）肘、左轉身180°，左弓步左捌手；上右步左轉180°成馬步（面南）雙拳收於腹前；提右膝（右金雞獨立）雙拳擺回，落步成右拗步、左拳向左前斜下方衝擊（平拳）（面西）（圖1-95、圖1-96）。

圖1－95

圖1－96

84.左搭袖 右搭袖

上左步、左弓步，右外捌左勾手；上右步、右弓步，左外捌右勾手（面西）（圖1-97側、圖1-97正）。

85.回頭摟膝拗步插一掌

左後轉身180°，提左膝左摟手；左弓步、右插掌（面東）（圖1-98）。

86.轉身三請客

右後轉180°，右弓步、右拳拎回，左拳衝擊

圖1－97側

圖1－97正

圖1－98

圖1－99

（平拳）；左拳拎回、右拳衝擊（平拳）（面西）（圖1－99、圖1-100）。

圖1－100

87.按手紅拳雙架樑

左轉身180°，左弓步、左捌手；上右虛步、右撩陰捶（面東）；左轉身270°，上右步成馬步、左平捌、右衝拳（陰拳）（三動連續）；雙掌按於雙膝前（面南）（圖1-101）。

88.轉身紅拳單鳳朝陽

右後叉步、左點肘；右轉身180°，右弓步、右捌手、上左步成馬步（面南），雙掌交叉合於胸前；左轉90°成左弓步、左捌手、提右膝（右金雞獨立或踢出）左扳、右托掌（掌心向上）（面東）（圖1-102）。

89.回頭高四平、金雞曬膀

左轉身180°，左弓步左捌手；上右步、右丁步右捌手（高四平）；上右步右虛步、右下摟手、右膀向前靠擊（金雞曬膀）（面西）（圖1-103、圖1-104）。

90.托天叉

上左步再上右步（騰步）、右弓步、左扳右插掌（面西）（圖1-105）。

圖1－101

圖1－102

圖1－103

圖1－104

圖1－105

圖1－106

91.左搭眉右搭眉

左轉身180°，左弓步、右外捌左勾手；上右弓步、左外捌右勾手（面東）（圖1-106、圖1-107）。

圖1－107

圖1－108

92.天王降妖

上右後叉步、左點肘；右後轉180°，右拐肘；右高弓步、右劈拳；提左膝、左扳、右手環繞頭上劍指（二指）（面西）（圖1-108）。

93.上一步鐵翻杆

向前落左步、上右弓步、左扳、右上衝拳（仰拳）（面西）（圖1-109）。

94.下一步子胥拖鞭

向左騰步成左倒弓步、左拳騰架於頭上、右拳繞環向左向右下方撇擊（陰拳）目視右拳（南面）（圖1-110）。

圖1－109

圖1－110

第九排（14勢）

拳　譜

蒼龍擺尾掀波浪，仙人摘乳雙拍掌。
回頭一炮拗攔肘，跺子二紅仙人捧盤。
夜叉探海擒蛟龍，劉海捕蟾難脫身。
烈女朔掌捧金盒，智法送書足蹬雲。
滾拴拖拴多微妙，急閃通背窩裡炮。
按手紅拳五子換，鬢邊斜插兩枝花。
急回頭雙龍抹馬，上一步智遠看瓜。
往前去獅滾繡球，展手一腳踢煞。
回頭二換也不差，兩拳護膝穩坐馬。
當場按下滿天星，誰敢與吾來比並。

95.蒼龍擺尾

左轉身、左弓步左捌手；上右步、右弓步右插掌、左後叉步右勾手；左轉270°左騰手、右擺掌（面東）（圖1-111）。

96.仙人摘乳

右轉身、右弓步右捌手、上左步、左弓步雙拍掌；右騰手（掌心向外）握拳、左按手（抓乳、按擊）變馬步（面西）（圖1-112、圖1-113背、圖1-113正）。

97.回頭一炮拗攔肘

右轉身180°，右高弓步右點肘、右捌左衝拳（平拳）；提右腿（右金雞獨立）右合手、落右步右拗步、左拗攔肘（面東）（圖1-114、圖1-115）。

圖1－111

圖1－112

圖1－113正

圖1－113背

圖1－114

圖1－115

98.跺子二紅仙人捧盤

上左步、左弓步左捌手、上右步右丁步、右拳下砸（擊地）、左轉身左踹腳、右踹腳；提左膝（左金雞獨立）雙手捧掌；落左虛步、雙掌捧送（雙掌前插）（面西）（圖1-116）。

99.夜叉探海

上右弓步、左扳右插手、左後叉步右勾手；左轉270°左弓步左捌手、左扳右插手、右腳踩；落右步左捌、右劍指（二指）前下插、左腳後蹬（面西）（圖1-117）。

100.劉海捕蟾

左轉身180°，左弓步左插掌、上右弓步右插掌、左後叉步右勾手；左轉身270°，左扳、右蓋步、右下插掌（面東）（圖1-118）。

101.烈女捧金盒

上左弓步左插手、上右弓步右插手、左後叉步右勾手；左轉身270°，左弓步左捌手、雙手捧掌（左捧右推略向左前上方）（面東）（圖1-119）。

圖1－116

圖1－117

圖1－118

圖1－119

102.智法送書

上右弓步左捌、右斬手（右掌沿前砍、手刀）；左倒弓步、向左雙捌手；右扶左推；上左弓步右捌、左斬手（左掌沿前砍、手刀）；右倒弓步、向左雙捌手；左扶右推（面東）（圖1-120、圖1-121）。

圖1－120

圖1－121

103.回頭閃通背窩裡炮

右轉身、右弓步右捌手；左後叉步右點肘；左後轉身270°，左虛步、左撇拳、上右虛步、右擺裹肘；進右弓步、左騰手掤、右推掌；退右腳上左弓步（跳步）、右劈拳、左扳右衝拳（陰拳）（面西）（圖1-122）。

104.按手紅拳、回頭五子轉換鬢邊斜插兩枝花

左捌手、上右步成馬步、雙拳收於腹前（仰拳）（面南）；右轉90°，右虛步、雙掌回拎（掌心相對）（面西）；上左虛步、雙掌拎回（掌心相對）；兩臂外格；左弓步、雙掌前插（掌心相對）（面西）（圖1-123）。

圖1－122

圖1－123

105.急回頭雙龍抹馬

右轉身180°，右弓步右挒手、上左步左虛步、左抹、右抹；上右蓋步、左扳、右下插掌；上左步變馬步（面南），右掤手（掌心向外）左手向左插掌（掌心向上）（目視左掌）（圖1-124）。

圖1－124

106.上一步智遠看瓜

右轉身180°成右弓步、右挒、退右步成右倒弓步；左扶手變勾手前提（面北、目視左手）（圖1-125背、圖1-125正）。

圖1－125背

圖1－125正

107.往前去獅子滾繡球、展手一腳踢煞、回頭二換也不差

右轉身180°成右弓步、右㧐手、右扭身右歇步，雙手抱球式（右手在上左手在下、掌心相對）；左踹腳，左轉身（擰身）、左歇步、雙手抱球式（左手在上右手在下、掌心相對）；右踹腳，左轉身左弓步左撇拳，左腿屈膝全蹲（背北）兩掌伏地、右腿前掃半周，右腿屈膝全蹲（背北）兩掌扶地、左腿後掃半周（面西）（圖1-126～圖1-130）。

圖1－126

圖1－127

圖1－128

圖1－129

圖1－130

108.只轉兩拳護膝、當場按下滿天星、誰敢與吾比並

左弓步左捌手、右裡合腿、左掌拍右腳裡側、落步成馬步（面南），雙拳向左右外撇（拳心均向裡）；上左後叉步、雙掌交叉於前胸；上右步成左仆步、左手下按、右上撐掌（目視左下方）（面南），收勢（圖1-131、圖1-132）。

圖1－131

圖1－132

三十六肘

拳 譜

左右擺肘前後點，金雞獨立手插咽。
橫攔肘去擠肘跟，夾肘上肘旋肘進。
上挑中砸下撩陰，裡靠外靠要分清。
左右劈拳右拳衝，右挒左聚右膝挺。
雙掌推跌力無窮，勾肘掤肘任意行。
滾托掃肘連環用，朝陽起鼓頂當心。
左轉擰腰鴛鴦腳，反筋背骨用推肘。
左抱右擊打面門，拗攔順攔步型分。
上步低蹲烏耳肘，跨肘纏繞推山走。
腦後釘肘能致命，挌肘顧肘護面門。
掛肘點肘肘法奇，開弓一勢劈壓提。
開花一肘斧劈山，鳳鸞藏肘隱栽拳。
轉身防後左右拐，拴肘套肘敵不來。
左挒右拈點肋穴，翻杆丟打按耳跌。
周身合全皆是肘，應對千變萬化中。
三十六肘精心練，肘內有肘拳外拳。

套路說明

預備勢（面南）（圖1-1）

起勢（圖1-2、圖1-3）。

右跨步成馬步、右擺肘、左擺肘。右點肘、左點肘（面南）（圖1-4～圖1-7）。左轉90°上左虛步、左捌手，上右虛步、右裹肘、右腳收回左腳跟回、左裹肘左丁步、上左步上右步、提右膝（右金雞獨立）

圖1－1

圖1－2

圖1－3

圖1－4

左板右插手（圖1-8）。落右步右弓步、左騰手右橫攔肘。一煞步右擠肘、左手立掌付於右臂裡

圖1－5

圖1－6

圖1－7

圖1－8

側（面東）（圖1-9、圖1-10）。左轉90°（面北）、右夾肘、右上肘、右裹肘、左旋肘（圖1-11～圖1-13）。右挑肘。右砸肘。右甩肘

圖1－9

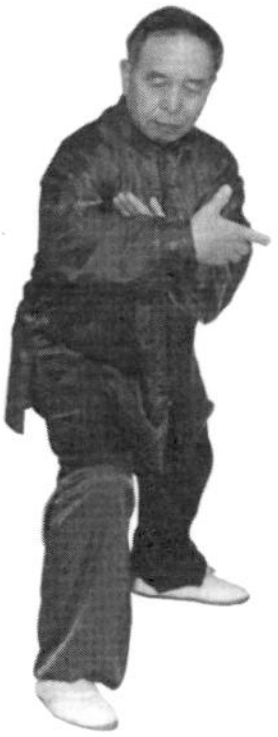

圖1－10

圖1－11

圖1－12

圖1－13

（撇拳）（圖1-14～圖1-16）。裡靠肘（撩陰捶）（面東）。扭身右蓋步、右捌左掛肘、左裡靠肘（圖1-17～圖1-20）。上左步成馬步、左右雙向劈拳（面南）。左轉身左弓步、左扳右衝

圖1－14

圖1－15

圖1－16

圖1－17

圖1－18

圖1－19

拳（平拳）（面東）。上右膝挺左托右按聚肘（圖1-21）。落右腳右弓步雙推掌（圖1-22）。右勾肘。右掤肘（圖1-23、圖1-24）。右滾肘。左捌右托肘。右外捌左掃肘。左外捌右掃肘（圖

圖1－20

圖1－21

圖1－22

圖1－23

圖1－24

1-25～圖1-28）。上左步再上右步（向前跳步）成右虛步、右頂肘（面東）（圖1-29）。左轉身135°左踹腳、右勾腳斬腳（圖1-30、圖1-31）。落步成右斜弓步、左挒右推肘（面西北）

圖1－25

圖1－26

圖1－27

圖1－28

圖1－29

圖1－30

（圖1-32）。上左弓步、左抱肘右斜衝拳（陰拳）（圖1-33）。左騰捌手打右拗攔肘。右捌手打左順攔肘（圖1-34、圖1-35）。上左右步成右虛步、右烏耳肘（圖1-36）。右跨肘。進右步

圖1－31

圖1－32

圖1－33

圖1－34

成右弓步雙推掌（面西北）（圖1-37、圖1-38）。左轉身成馬步（面南）、左捌右釘肘（圖1-39）。左搭肘，右顧肘（圖1-40～

圖1－35

圖1－36

圖1－37

圖1－38

圖1-42）。向前跨右步成右弓步、右掛肘。右點肘（圖1-43、圖1-44）。換步左虛步右劈肘。左壓肘。右衝拳、左衝拳、右提肘（圖1-45～

圖1－39

圖1－40

圖1－41

圖1－42

圖1－43

圖1－44

圖1-48）。上左右步（向前騰步），左虛步開花肘，右斬手（斧劈山）（圖1-49、圖1-50）。右掌前斬右鳳鸞肘，右栽拳（面南）（圖1-51、圖1-52）。退左步成右丁蹲步左捌、右栽拳（下

圖1－45

圖1－46

圖1－47

圖1－48

圖1－49

圖1－50

紮勢）。退右步右拐肘。退左步左拐肘（圖1-53、圖1-54）。左後轉身左弓步左劈拳、右騰手右拴肘。左套肘（面西北）（圖1-55、圖1-56）。右衝拳左騰捌手、右拈肘

圖1－51

圖1－52

圖1－53

圖1－54

圖1－55

圖1－56

（圖1-57）。按耳煞腳（圖1-58～圖1-60）。

收勢（面南）（圖1-61～圖1-63）。

圖1－57

圖1－58

圖1－59

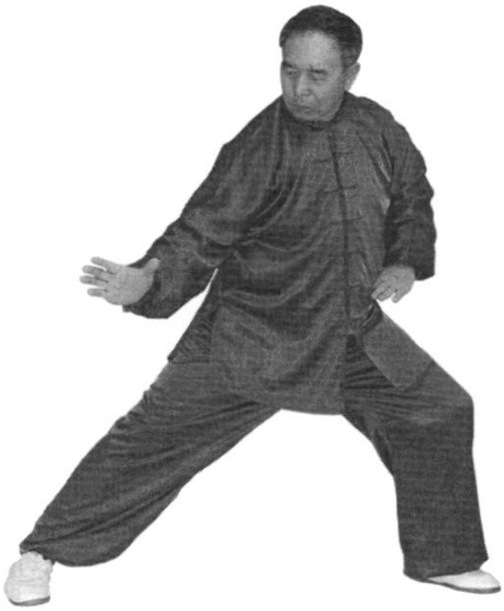

圖1－60

圖1－61

圖1－62

圖1－63

通背一路

拳　譜

起勢站立靜如山，左轉變為三體樁。

左右捌手相繼出，上步扳手莫放鬆。

左騰右丟拗攔肘，按耳煞腳腰背功。

摟手退步右拳衝，轉身亮掌快如風。

左右扶手推山跌，轉身扶攔迎面接。

開弓一勢並相連，上步再用虎撲羊。

左右跨馬陰陽便，燕子姿勢捷而輕。

轉身插掌靈活用，騰蛇入洞神鬼驚。

撩左打右要熟識，聲東擊西彼難敵。

鴛鴦二腳連環用，迎門踩腿要緊跟。
雙掌推跌力無窮，二郎劈山顯神通。
退步騰手身法靈，仙人捧盤虛實清。
退步雙捌任彼進，引彼深入指心捶。
退步擰腰飛仙掌，抱頭推山倒海翻。
下紮勢閃驚巧取，倒紮勢誰人敢攻。
前衝後衝四面進，仙人插掌揚威名。
上步煞腳掃秦跌，左拗右合拗攔肘。
轉身亮掌還原位，通背一路就此終。

套路說明

起勢（面南）。

雙捌手：右腳向右跨步、右轉90°雙捌手（正旋）、左轉180°成三體勢、雙衝拳（左前右後均為仰拳）（面東）。

左右推掌：左捌右推掌，右捌左推掌（湯風掌）。

上步扳手：上右三體式、左扳右衝拳（平拳）。

拈肘：上左拗步、左騰、右臂向前向裡向下用肘回掛、肘擊、左掌向裡附於右小臂。

按耳煞腳：上右虛步、左扳右拳擰鑽（拳心向上）、上左後叉步、右臂內旋、右拳向裡向前下方橫擊（拳眼向裡）、左拳騰架於頭上方（拳心向外）、右腳後煞、右拳變掌裡旋翻掌前按、左拳變掌收於腹前（面北）。

火焰攢心：退右步退左步左丁步、右左摟手、上左弓步、左扳右衝拳（螺絲拳）（面東）。

金雞獨立：左掌前插（掌心向上）、右拳收回腹部變掌（掌心向下）。上右步扣步、同時右搓手（左手收回、右手搓左手）、左轉180°提左膝（左金雞獨立）、左掌外旋架於頭上（掌心向外）、右立掌向右推出（目視右掌）（面西）。

左右扶手：左腳後落地成右虛步、右扶手、右半馬步、右橫掌裡旋外推、同時左立掌向右推出；換步成左虛步、右外捌合掌、左扶手、左半馬步、左橫掌裡旋外推、同時右立掌向左外推（面西）。

轉身扶攔：右後插步、左扶手右下插手、右轉身270°、右摟翻掌扶、左手附於右臂裡側、右虛步（面西）。

硬開弓：換步左虛步、右合拳、左壓肘、右衝拳、左衝拳（平拳）、同時右提肘（拉弓式）（面西）。

虎撲羊：上右弓步、雙拳變掌向上向前向下採按（面西）。

左右挎肘：左轉180°，左捌右掛、左歇步、上右弓步右點肘；右轉身右捌左掛、右歇步、上左弓步左點肘（面東）。

燕子勢：右下插手左扶手、左仆步、雙掌雙向推出、同時翻掌（左低右高）（面南）。向左上右蓋步、左扶手、右下插掌（掌心向前）、上左腳成左三體式、左手向前向上變勾手（提）、右掌變勾手附於右耳部（面東）。

青龍舞爪：左轉90°，右扣步、左摟手、右擺掌（面北），左轉180°左撇腳右摟手左擺掌（面南），左轉90°，右扣步、左下按、右擺掌、右倒弓步（面東）。

通天炮：左轉90°，右掌從胸前向右、向後由耳後經頭上方向下落於胸前（掌心向下）、左臂內旋從腋下翻掌插出（掌心朝上）、右腳向左上步成三體式、左扳右上衝拳（仰拳）（面西）。

騰蛇入洞：左轉身180°，左虛步、左捌手、上右弓步右拖左拖、右衝拳（平拳）（面東）。

撩左打右：右腳向右45°上右虛步、右劈拳、上左虛步左騰（橫）拳、左拳裡旋一圈合於右手擊出；左腳向左45°跨步左虛步、左劈拳、上右虛步右騰（橫）拳、右拳裡旋一圈合於左手擊出。

聲東擊西：上右拗步左橫拳、右拳收於腹部，上左拗步右橫拳、左拳收於腹部。

鴛鴦腳：雙手向左雙捌右蹔腳，身向右扭、雙手向右雙捌左踹腳。

迎門踩：落左腳雙劈拳、右踩腳落地變右蓋步。

雙推跌：上左弓步雙推掌（立掌）。

二郎劈山：左騰右丟、上右弓步、右掌繞環前斬（手刀）。

退步騰手：退右步左虛步、左騰右丟，退左步右虛步、右騰左丟。

仙人捧盤：退右步左虛步、雙掌外旋捧送。

退步雙捌：退左步右虛步、向左雙捌，退右步左虛步、向右雙捌。

指心捶：退左步退右步、右蹲丁步、左外捌扶手、右拳前劈（拳眼向上），上右步三體式、左扳右衝拳（平拳）。

飛仙掌：退右步、右扶左扶、左半馬步雙推掌（左橫掌右立掌）。

抱頭推山：上右蓋步、雙掌雙向推掌（面東）。

下紮勢：左轉90°左捌、右蹲丁步、右拳下擊（右栽拳、拳眼向裡）（面北）。

倒紮勢：右翻身180°，右外捌、換步（跳步）左蹲丁步、左拳下擊（左栽拳、拳眼向裡）（面南），左轉身90°，上左步變左半馬步、左掤推掌（掌指向右）、同時右推掌（立掌）（推窗望月）（掌心均向前）。

前衝後衝：上右步扣步變馬步（面北）、雙掛肘、雙向雙衝拳（均平拳）；左轉身180°，向左上右步扣步變馬步（面南）、雙掛肘、雙向雙衝拳（均平拳）。

仙人插掌：右轉身90°，右虛步、左扳右插掌（掌心向上）（面西）　。

上步煞腳：向左雙捌變拳收於腹前（左拳心向下、右拳心向上）、同時左腳向前煞出（面西）。

拗攔肘：左腳落地裡扣、身向右轉45°提右膝（右金雞獨立）右撇拳、落右腳右拗步、左臂向裡屈肘回掛（注意肘尖打人）、右掌向上向前附于左肘裡側（面西北）。

轉身亮掌：左轉135°，左虛步、右臂裡掛（與左臂交叉於胸前）外旋托掌、左掌外旋翻掌向左插出（目視左手）（面南）。

收勢（面南）。

鐵翻杆

起勢（面南）。

右捌手：右轉90°，左扶摟右捌手（面西）。

鐵翻杆：上右弓步、左扳右上衝拳（仰拳）。

子胥拖鞭：向右騰步左倒弓步、左拳騰掤、右拳下打（拳眼向裡）。

插花蓋頂：右移身右拗步、右摟手向後變勾手、同時左手上推掌。

壽桃勢：跟左腿蹲步、左手下摟、起身右拳貫耳、同時右蹩腳。右肘攔裹、左手附於右肘裡側、右蹲丁步。

橫攔肘：上右弓步、右橫攔肘、左手擠於右肘裡側。

下海擒龍：擊步、右虛步右手內旋下摟上提變勾手附於右耳眼部（金鉤釣魚）、同時左斬掌（手刀）。

急三捶：右虛步右上衝拳（仰拳）；左衝拳、右衝拳（平拳）。

右順攔肘：點步、右丟手左斬手、右弓步、右順攔肘、左手拍右肘（面西）。

按耳煞腳：上左後叉步、左扳右合拳（仰拳）；左騰手右丟手、右後煞腳、變左倒弓步右按手、左手收於左胯部（面南）。

旋風腳：左右摟手、右腳向前回煞同時蹔腳；左轉360°右旋風腳（左手拍右腳裡側）。左金絲纏腕、上左虛步、左手摟向後變勾手、右掤手甩掌於頭上、掌心向前（面南）。

收勢。

春秋刀

起勢（面南）。

左轉90°上左弓步左捌手、背刀（蘇秦背劍）。旋風腳（左手拍右腳裡側）；上右步右撩刀，上左步左撩刀，上右步右撩刀，上左後叉步下掃刀。

左翻身360°，騰空跳躍步右弓步前劈。右高弓步右拎刀，即劈。絞劈。左擺撩刀，紮。

提右膝右下掛；上左蓋步前劈；上右弓步刺（面東）。左轉身180°，提右膝右下撩；左後叉步中掃；左翻身360°騰空跳躍步、右弓步前劈（面西）。右腿在前退三步走（一煞步退步）、拎刀（三刀）。

換步、左腿在前退三步走（一煞步退步）、把纏（三次）。進左蓋步、上右弓步向左平刀；右轉360°，挽花右撥刀；右倒弓步（面西北）。左轉身翻身450°，騰空跳步、左拗步向左平刀；右轉360°挽花撥刀；右倒弓步（面東南）。

左轉身翻身540°騰空跳步、左拗步向左平刀；右轉360°，挽花右撥刀；右倒弓步（面西南）。左轉身翻身450°，騰空跳步、左拗步向左平刀；右轉身360°，挽花右撥刀；右倒弓步（面東北）。左轉180°，提右膝下撩；上左後叉步掃刀；上右弓步前劈。挽花向空振刀；右倒弓步樹刀；挽花。

收勢（面南）。

梅花刀

起勢（面南）（左手執刀）。

左轉身90°，左右甩綢。左橫把右衝拳（陰拳）、雲手二起腳（右手拍右腳面）、同時右手接刀、右倒弓步帶刀。移身左弓步、左右橫掃刀。提左腿（左金雞獨立）拉刀。落左虛步搶刀。向前騰步搶刀。移身右倒弓步掤刀。上右步右弓步劈刀。左後叉步劈刀。左轉身360°，跳步右仆步按刀（面東）。

右後叉步雲刀，馬步平刀，右後叉步雲刀，馬步平刀，右後叉步雲刀，馬步平刀（面北）。左倒弓步中掃刀。右轉身90°，提左膝（左金雞獨立）拉刀。走步低撩三刀。左後叉步反撩刀（面東）。左轉身180°提右膝高撩二刀。右弓步搶刀（面西）。

高撩右轉身跳躍步360°挑刀。高撩右轉身跳躍步360°挑刀（面西）。右左高撩刀、掤刀。擰身左歇步裹刀（面北）。左扣步纏腰刀。右後轉身450°，右拗步左挒手拉刀（面東）。上左步提右膝下撩刀。落步左後叉步下掃刀。跳躍步左轉身360°，馬步劈刀。上左弓步左扳前劈刀（面東）。上右腳扣步、八卦步環行刀（左、右環行）。左右高撩刀。上右弓步搶刀（回手滾龍刀）（面東南）。左轉身跳躍步360°，纏頭藏刀（面西北）。右轉身跳躍步360°，裹腦帶刀（面東南）。左轉身跳躍步450°，纏頭藏刀（面西南）。右轉身跳躍步360°，裹腦帶刀（面東北）。左轉身135°，上右步下撩刀。左後叉步下掃刀。左轉身360°，左右中掃刀。提左膝裹腦拉刀，上左蓋步左掛刀。上右弓步倒搶刀（面面西）。左轉180°，上右步下撩刀。左後叉步下掃刀。左轉360°，左、右中掃刀。提左膝（左金雞獨立）裹腦拉刀。上左蓋步左掛刀。上右弓步倒搶刀（面東）。左轉身180°，上右弓步上劈刀。左後叉步劈刀。左轉身360°，上右弓步上撩刀（面西）。飛花刀、背刀、扭身前花、背花背刀、右扣步旋風腳（左手拍右腳裡側）。

落地拉右腿成左弓步、左右中掃刀。左虛步裹腦拉刀。左起腳腿下摺刀。左手接刀、左虛步、右手頭上甩掌。

收勢（面南）。

菜　刀

起勢（面南）。

右手執刀，左轉90°（面東）、跨左步左捌、上右弓步前砍。退半步拎刀。前砍。退右步右虛步、跨虎勢、左翻甩掌頭上（掌心向前）、右刀下截。向右上馬步（面北）、向左扶刀；右平砍刀；換步、左掛刀，右掛刀。左弓步左捌前砍。左蹔腳，落步左虛步、左上撩刀。右弓步右砍。右虛步左掛，左虛步右掛。右虛步左劈。上左後叉步右反劈。左轉身360°跳躍步、右仆步按刀。移身左弓步扶刀。左後叉步右下截。向右上右弓步、左扳右砍。退右步（一大步）左虛步拉刀。左捌手、上右步右劈。並左步反劈（面東）。

左轉225°跨左步上右虛步、左上撩；上左虛步、右上撩；上右虛步、左上撩；上左後叉步反撩刀（面西南）。左轉180°，右手纏頭腋下藏刀；左手掤於頭上（掌心向外）、右丁步左蹔腳（面東北）。落右腳左劈；上左步右掛；上右步左劈；上左後叉步反劈刀；左轉225°，纏頭腋下藏刀；左掤掌、右丁步右踹腳（面南）。落右腳左劈刀；上左步右掛刀；上右步左劈刀；上左後叉步反劈刀；左轉身270°纏頭腋下藏刀；左掤掌、右丁步右蹬腳（面西）。

落右弓步右砍。換步左掛；右掛；左弓步、左扳右砍；右後叉步、左扳右砍。右轉身180°（面南）右砍；提右膝（右金雞獨立）、右下截刀；落右步變馬步（面南）、左平刀；右平刀；纏頭腋下藏刀；右前煞腳、右鏨腳；落右步扣步、右下截刀。左轉360°右旋風腳、左手拍右腳裡側、落右腳左虛步、纏頭腋下藏刀；左推手、裹腦拉刀。

收勢（面南）。

四門鞭杆

起勢（面南）。

左手執鞭、左轉身90°（面東）。左把橫撥、上左虛步、右衝拳，左右雲手、二起腳（右手拍右腳面、右手接鞭），扶鞭（順時針扣、絞、壓）梢戳鞭。右倒弓步、劈、合、戳鞭。左弓步、提左膝（左金雞獨立）掤鞭。落左步、左拗步、向左下方打。上右虛步下截鞭（面東）。併步點（挽）鞭。向右45°，右拗步、左向右推鞭（梢由下向上鑽入腹部）。上左虛步梢拎鞭（面東）。上右高弓步、把按左耳鞭（鞭中間有攔裹之意）。上左高弓步、梢按右耳鞭（鞭中間有攔裹之意）。上右步馬步、把蓋鞭。把掛鞭。提左膝掄劈鞭（左金雞獨立）。上左弓步、左扳右打。上右步、併步捌打。上右步、跟左虛步、左下截鞭。跨左步跟右虛步、右下截鞭。右虛步點鞭。上左蓋步、左扶把戳。上右弓步前劈。把左掛鞭。換步左弓步、左扳右打（面東）。

右後轉180°（回身），右虛步、把挑。退右步、左虛步梢挑。上右弓步、把扶。疾步把戳。上左弓步梢扶，疾步梢戳。上右步併步、左格鞭。右格鞭。退右步、退左步併步、梢挑。同時左腳斬踢，左手點鞭。上左蓋步、左斜攔鞭（面西）。

右後轉135°，提右膝（右金雞獨立）、右下劈鞭。左上扶鞭。右弓步中把戳。換步滑鞭。絞、扣、梢戳鞭。右轉180°，右後叉步、左梢蓋鞭。上右弓步、把橫撥（面西南）。提左腳把蓋、把掛。左轉180°，左弓步，挽花、左撥鞭。

移身右弓步、挽花、右撥鞭（面東北）。

左轉身180°，提右膝、右撩鞭。走步左右撩鞭。左弓步梢劈（對方右耳部）、把劈（對方左耳部）、梢中劈（對方頂心部）、把崩（對方腹陰部）（面南）。

左轉身135°，把蓋、掛，梢絞壓。左弓步梢戳鞭。上右虛步、把崩（對方腹陰部）（面東）。

左轉180°（回身），左弓步、斜掤鞭。提右腿右撩鞭。落右步右弓步、把戳（面西）。退右步劈鞭、拉鞭、裹腦、左仆步、按鞭。變左弓步、掤鞭。向前上右步右仆步、右裡掃鞭。上左弓步、中外掃鞭。上右步、併步點鞭。上右虛步、梢戳鞭。提左腿纏鞭。提右腿剜鞭（面向北）。

退步左右撩鞭。馬步把戳。反劈鞭、掛鞭、劈鞭。上左弓步、左扳右打。右後叉步、左扳右打。右後轉270°，劈鞭。提右膝、右下截鞭，右上扶鞭。落步、馬步中掃鞭（面東南）。

左轉180°，上左步、跟右步、併步左下截鞭。跨右步、跟左步成左虛步、扶鞭（面北）。

跨左步、跟右步成右丁步、左下截鞭。上右步、左上扶鞭。上左弓步，梢擠（對方右肋部）、把擠（對方左肋部）。

右後叉步，梢下擠鞭（對方脛骨小腿部）。右後轉270°，右弓步、把下戳地（對方腳面）、截鞭（對方腳腕踝關節）。起身右弓步、左斜上打鞭（對方頭部左面太陽穴）。

左倒弓步、中外平掃鞭（對方腰肋部）。提右膝、左下掛鞭。換步左弓步、左扳右打。上右步、馬步把蓋、掛鞭。左倒弓步、左斜前打。移身右弓步、左扳右正打。擰身馬步、把蓋、掛。胸前挽花、左手接鞭。

收勢（面南）。

圓頭鍬

起勢（面南）。

左轉90°，跨左弓步、左捌手、右手背 （蘇秦背劍）。上右虛步右撩；上左虛步左撩；上右虛步右撩；上左後叉步右中掃。左後轉360°，跳步前斬。右拎、斬；左上擺扶、紮；提右膝（右金雞獨立）、右下掛；上左蓋步扣 。上右弓步紮，右雲蓋、左雲蓋。下掃、前劈，前上戳。提右膝剜、提左膝纏。斜前落左腳、左上撩。上右步一煞步斜戳。提右膝（右金雞獨力）下截（掛），落右腳（上右弓步）前拍。退右步（右倒弓步）把按耳，把戳。退左步、提右腿（右金雞獨立）左下截，前下紮（面東）。銑土、左轉身180°，上右步同時揚土。左轉身360°，挽花騰空跳步、右倒弓步右撥斬；移身左弓步左平斬。右移身點步前斬（面南）。左後轉身180°，把挑。上右步斜撩（向斜上劈）（面北），挽花。

收勢（面南）。

十三槍

起勢（面南）。

撥草尋蛇：左轉90°，左裡煞腳、犁槍；左後掃腳、右倒弓步劃槍。

孤槍：提右膝（右金雞獨立）右手隻手持槍前紮。

回頭望月：落步左倒弓步、左掤掌（掌心向外）、槍頭著地。

老君扶犁：左虛步、左手中間扶槍。

鳳凰點頭：左虛步、左右點槍（點腳）。

鐵牛耕地：左弓步。

左右封槍：（左右虛步）上左弓步。

中心入隊：合槍。

纏槍：上左前叉步纏槍（三步、三槍）（葫蔓纏杆），上右後叉步挑槍、合槍。左弓步、中心入隊。壁、合、紮。右後叉步、壁、合、紮。右前叉步、壁、合、紮，崩槍、合槍（面東）。

把蓋：上右步、前後背花。

海底撈針：（右拗步）（面西北）。壁、合、紮。把蓋（也可二起腳、右手拍右腳面、同時右手接槍頭）（面西）。回馬三槍：（退左後叉步、右手握槍頭向後紮；退右後叉步、左手握槍頭向後紮；退左後叉步、右手握槍頭向後紮）（面西）。

秀女穿針：穿槍（面東）、上左步退右步、右轉身180°劈槍、搗槍。

蘇秦背劍：穿槍（面西）。上左步退右步、右轉180°，劃、搗、纏、剜、迎、劈、作、撩、挑（面東）。退右步、右轉180°，劃、搗、纏、剜、迎、劈、作、撩、挑（面西），腕花。

收勢（面南）。

概括：封、壁、作、撩、挑、劈、迎、合、紮、點、剜、犁、劃。

實戰篇

攻守歌訣

順勢使力妙在隅，迎風接近先上先。
力在驚彈走螺旋，扳挒橫採也難敵。
虛中有實實有虛，實實虛虛妙無窮。
虛實攻守全在意，空虛空實藝不精。
虛實各有虛實用，虛虛實實彼難明。
似環非環全是環，亂而不亂全不亂。
誘彼陷入亂環內，縱有千斤難脫身。
大環小環應機變，意中亂環鎖蛟龍。

手　法

騰蛇入洞（圖1-1、圖1-2）

圖1－1

圖1－2

摟手推山跌（圖1-3、圖1-4）

圖1－3

圖1－4

捌手按耳（圖1-5、圖1-6）

圖1－5

圖1－6

撩陰捶（圖1-7、圖1-8）

圖1－7

圖1－8

金雞曬膀（圖1-9、圖1-10）

圖1－9

圖1－10

貼身靠（圖1-11～圖1-13）

圖1－11

圖1－12

圖1－13

肘　法

點肘（圖1-1～圖1-3）

圖1－1

圖1－2

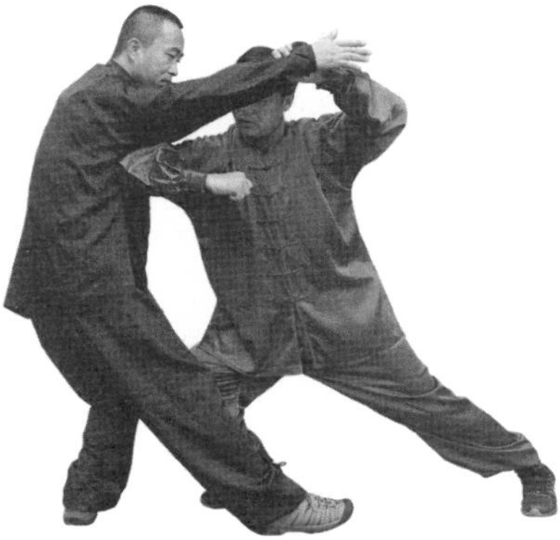

圖1－3

聚肘（圖1-4、圖1-5）

圖1－4

圖1－5

砸肘（圖1-6、圖1-7）

圖1－6

圖1－7

橫攔肘（圖1-8、圖1-9）

圖1－8

圖1－9

腿　法

通袖腿（圖1-1、圖1-2）

圖1－1

圖1－2

踹腳（圖1-3、圖1-4）

圖1－3

圖1－4

震腳（圖1-5～圖1-7）

圖1－5

圖1－6

圖1－7

踩子腳（圖1-8、圖1-9）

圖1－8

圖1－9

按耳煞腳（圖1-10、圖1-11）

圖1－10

圖1－11

風魔掃秦（圖1-12、圖1-13）

圖1－12

圖1－13

撩腳（圖1-14、圖1-15）

圖1－14

圖1－15

拿　法

反背拿（圖1-1、圖1-2）

圖1－1

圖1－2

白馬臥浪拿（圖1-3、圖1-4）

圖1－3

圖1－4

金絲纏腕（圖1-5、圖1-6）

圖1－5

圖1－6

千斤拿（圖1-7、圖1-8）

圖1－7

圖1－8

三進步

元手名叫羅漢掌，變化無窮。

二手名叫湯風掌，掌掌七巧。

三手名叫指心捶，打一個火焰攢心。

圖1－1

（圖1-1～圖1-3）

圖1－2

圖1－3

四大手

扳手通天炮（圖1-1、圖1-2）

圖1－1

圖1－2

摟手斜插一杆旗（圖1-3、圖1-4）

圖1－3

圖1－4

扶手應手跌（圖1-5、圖1-6）

圖1－5

圖1－6

捌手抓面跌（圖1-7、圖1-8）

圖1－7

圖1－8

單刀對槍

甲為持刀者，乙為持槍者。

圖1－1

乙，鎖喉槍；甲，右虛步單刀上拎；甲，左弓步左扳手，力劈華山（圖1-1～圖1-3）。

圖1－2

圖1－3

乙，中平槍；甲，犁、劃（圖1-4、圖1-5）。

圖1－4

圖1－5

乙，鳳凰點頭；甲，攔路斬蛟（圖1-6～圖1-8）。

圖1－6

圖1－7

圖1－8

春秋刀對槍

甲持春秋刀，乙持槍。

乙，紮上槍；甲，開山問路、撥雲見天（圖1-1、圖1-2）。

圖1－1

圖1－2

乙，紮上槍；甲，撥刀、猛虎下山（圖1-3、圖1-4）。

圖1－3

圖1－4

乙，紮下槍；甲，左後插步翻身劈山（圖1-5、圖1-6）。

圖1－5

圖1－6

鞭杆對練

甲持深色鞭杆，乙持淺色鞭杆。

黑虎掏心：甲上劈，乙左虛步鞭梢回拎，馬步崩鞭（圖1-1、圖1-2）。

圖1－1

圖1－2

截鞭：甲中戳，乙右丁步拎鞭，甲下截，乙丁步截鞭（圖1-3、圖1-4）。

圖1－3

圖1－4

貫耳鞭：甲上劈鞭，乙梢拎同時鞭把貫耳（圖1-5、圖1-6）。

圖1－5

圖1－6

徒手對槍

甲為持槍者，乙為徒手。

甲，上槍；乙，向右擺步，左捌右斜插一杆旗（圖1-1、圖1-2）。

圖1－1

圖1－2

甲，中平槍；乙，右掛肘，左翻身左拐肘，右鳳鸞肘（圖1-3、圖1-4）。

圖1－3

圖1－4

甲，下槍；乙，右金雞獨立，右擰身左踹腳（圖1-5、圖1-6）。

圖1－5

圖1－6

徒手對菜刀

甲為持刀者，乙為徒手。

白雲蓋頂：甲，上劈刀；乙，左擺步左扶手右衝拳（圖1-1、圖1-2）。

圖1－1

圖1－2

攔腰斬蛟：甲，斜劈；乙，右摟手，左抓面跌（圖1-3、圖1-4）。

圖1－3

圖1－4

夜叉探海：甲，下坎乙右小腿；乙，右金雞獨立，右摟手，左撩腳（圖1-5、圖1-6）。

圖1－5

圖1－6

歌訣篇

拳術總論

縱放屈伸人莫知，近靠纏繞我接衣。
劈打推壓得進步，扳捌橫採也難敵。
勾棚劈打人人曉，閃驚巧取有誰知。
佯輸詐走雖云敗，引誘回衝致勝歸。
滾拴拖拴多微妙，橫直扶攔奇更奇。
截進扶攔穿心肘，迎風截進肱炮錘。
二環掃堂掛麵腳，左右鞭簪壓跟腿。
截前演後如封鎖，聲東擊西要熟識。
上提下顧君須記，進攻退閃莫遲遲。
藏頭顧面天下有，攢心剁肋世界稀。
教師不識此中理，難將武藝論高低。

常用手法歌訣

扳摟扶挒四大手，滾拴拖拴腰中求。
高掤低摟平扶手，左右擺肘中按手。
遠手近肘頭中門，肩胯膝足隨機用。
合騰拎斬奇正變，分閉穿鑽緊相連。
推打劈壓得進步，迎履擠纏人難進。
拍搶抹按連環用，掏雲掛擺要分清。
丟拿提滾快如風，精細熟練自然明。

二十四手法

扳摟扶挒，勾捧拖拴。
推打劈壓，合騰拎斬。
丟拿提滾，拍搶抹按。

二十四手歌訣

板中摟纏連環用，挨而不挨捷銳敏。
扶手巧用應手跌，挒而不挒妙無窮。
四大名手靈活用，二十四手要記清。

擊中有丟順勢打，順中求逆任意行。
滾栓拖栓多微妙，無拳無意奇更奇。

二十四腿歌訣

二環掃堂掛面腳，左右鞭簪壓根腿。
鏨蹽提踩與踹腳，合擺旋震和煞腳。
左右連環通袖腿，轉降快腿奪子腳。
朝陽護膝雀地龍，箭鐮踢膝連環進。
矮滾二腿須練精，翻身過海計謀生。
金雞獨立虛實敏，金箭倒跌捲地風。

三十六肘法

擺點擠夾，上頂挑砸。
甩靠托拈，勾掤滾旋。
推掃抱聚，套拴拐劈。
顧挌釘掛，壓提開花。
拗攔順攔，烏耳橫攔。
三十六肘，還有鳳鸞。

三十六肘歌訣

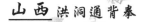

左肘右肘名擺肘，前肘後肘為點肘。
挑甩靠肘妙在精，勾掤滾旋肘法靈。
聚肘上肘開花肘，壓肘提肘鳳攔肘。
套肘拴肘彼難進，虛身防下顧肘行。
朝陽起鼓在胸前，推掃抱肘緊相連。
挌肘夾肘彼難逃，掛肘劈肘莫放鬆。
擠拈托肘要分清，砸肘釘肘能致命。
藏頭顧面烏耳肘，挎肘拐肘腰中求。
拗攔順攔步型分，横攔肘去妙無窮。

後　記

中國洪洞通背拳歷史悠久，套路完整，器械全面。它是集強身健體、禦敵自衛，表演、娛樂為一體的傳統體育項目。它是代表大槐樹血脈的唯一拳種，更是中華文化之瑰寶。

本人自幼受到父親文化禮儀之薰陶，崇尚我中華五千年悠久燦爛的文化，酷愛歷史古典文學。常被歷史上的英雄人物所感染，尤其癡迷戲曲舞臺上形象逼真的英雄豪傑，那些打抱不平、行俠仗義、踏平邪惡、為民除害之壯舉，激勵著我踏上了習武之道。開始是自學壓腿、踢腿、翻跟頭等基本功，後得王村張廣大拳師啟蒙教授，又拜胡麻村許林生、石福生為師繼續深造，1976年我慕名拜在上紀落村秦根基大師門下。對通背拳上、中、下九排，一百單八勢有了系統全面地學習和研究。

秦根基師傅是洪洞通背拳大師范作舟的閉門

弟子，為洪洞通背拳第八代傳人，洪洞通背拳武學泰斗。曾被國家體委授予「金邊磁馬」優秀獎，被多家國家級體育類雜誌評為「全國千名優秀輔導員」。被臨汾市精神文明建設指導委員會、臨汾市廣播電視總局、山西廣播電視報社授予2009年度「臨汾十大人物」稱號。

頒獎詞這樣寫到：他癡迷武術，遍訪名師，拳技出神入化；他習拳傳藝，建校著書，終成一代名師。本可錦衣玉食，卻偏偏不計個人富貴得失，一生為拳奮鬥……

為了進一步弘揚中華武術，促進中華非物質文化遺產在國內外的傳播和發展，豐富中國電視劇藝術種類，年近八旬的秦根基師傅再傾心血，完成大型電視連續劇《通背神拳》劇本創作。目前電視劇已經進入緊張的籌備中。

跟隨秦根基師傅四十餘年，我認為秦師傅不僅是武術的一代宗師，更是指點我人生的導師。

隨著武術形勢的發展，原通背拳拳譜就有些美中不足之處了，字數不等，韻味不濃，修辭不深，學記易混。為使通背拳適應新形勢的發展，使後人易學、易懂、易記，特受秦師傅之托，重新編撰洪洞通背拳拳譜。在七言律詩格調的影響下，將原拳譜改編為七言句，編完拳譜後，敬奉秦師傅又認真地審閱修改而初步定稿。如果使人讀後有「無聲似有聲，無形似有形」的感覺，也不枉我 磚引玉之舉。

我所學通背拳一百單八勢、拳械、拳路是秦師傅手把手、一招一式傳授給我的。我不但認真學、刻苦練、深刻領會、繼承發揚。更重要的是認真地將一百單八勢一招一勢用文字記了下來，奉獻社會。願洪洞通背拳這朵百花園中的奇葩，更加豔麗芬芳；願洪洞通背拳這顆大千世界中的東方明珠更加輝煌燦爛！

書雖寫完，浮想聯翩，自感文窮武拙，貽笑大方。識者取其所長，責其所短。心願傳承發揚，萌芽茁壯。

洪洞通背拳一代宗師郭永福曾受乾隆皇帝御賜「神拳」稱號，在中國武術史上寫下了光輝燦爛的一頁，上世紀末，洪洞通背拳又被列入山西省非物質文化遺產，並成立以秦根基先生為院長的中國洪洞通背拳研究院，使這一珍貴拳種得到了更好的保護和發揚光大。

通背九排是為母拳，拳路、拳械是為子拳，三進步是為啟蒙，四大手貫穿全篇。

一元、二陰陽、三節、四梢、五身、五靠、六合、六縱、六巧、七拳、八法、八要、八掌、八炮、十則、七門源遠流長。

二十四手、二十四腿、三十六肘、三十六跌、七十二拿、一百單八招深奧莫測。

截法、顧法、擊法……變化無窮。

氣功、內功、樁功……非師難通。

本書整理，我師所賜。一則把恩師秦根基先生拳法原貌，公之於眾；二則檢驗自己所學；三則為保護非物文化遺產做點貢獻。願與識家、武術愛好者共同學習、探討、以求發揚。

本書總策劃為秦根基大師。如果說本書對社會略有小益，首當感謝我的師傅秦根基先生！

另外，在本書整理、編排過程中也得到了下列機構和同仁的大力支持和幫助，在此一一表示感謝：

山西省國際文化交流中心洪洞通背拳研究院；

洪洞通背拳武術研究會會長劉丑怪、特邀副會長張金雄；

洪洞通背拳武術館館長秦新華、總教練秦武星；

動作演練：李清岩、何國上、李增智、劉君；

攝影：杜春俊、王春麗；

師兄弟：張青鎖、申國安、秦聰明、李天喜、李元、秦雙平、柴成心、高小甯、衛明等。

由於本人水準有限，不足之處在所難免，誠望各位老師及廣大武術愛好者，不吝賜教。敬請識者與社會賢達斧正。

彩色圖解太極武術

太極功夫扇

武當太極劍
49式

楊式太極劍
56式

楊式太極刀

二十四式太極拳

楊式

四十二式太極劍

四十二式太極拳
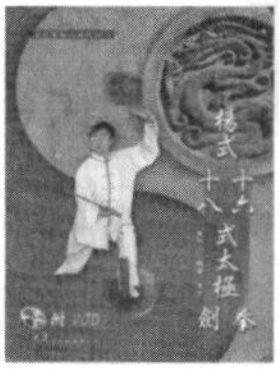

楊氏二十八式太極拳

楊式太極拳

陳式太極拳

吳式太極拳

精簡陳式太極拳

精簡吳式太極拳

夕陽美
功夫扇
56式

綜合四十八式太極拳

三十二式太極拳

楊氏三十七式太極拳

楊氏五十一式太極劍

嫡傳楊家太極拳精練二十八式

嫡傳楊家太極劍五十一式

嫡傳楊家太極刀十三式

歡迎至本公司購買書籍

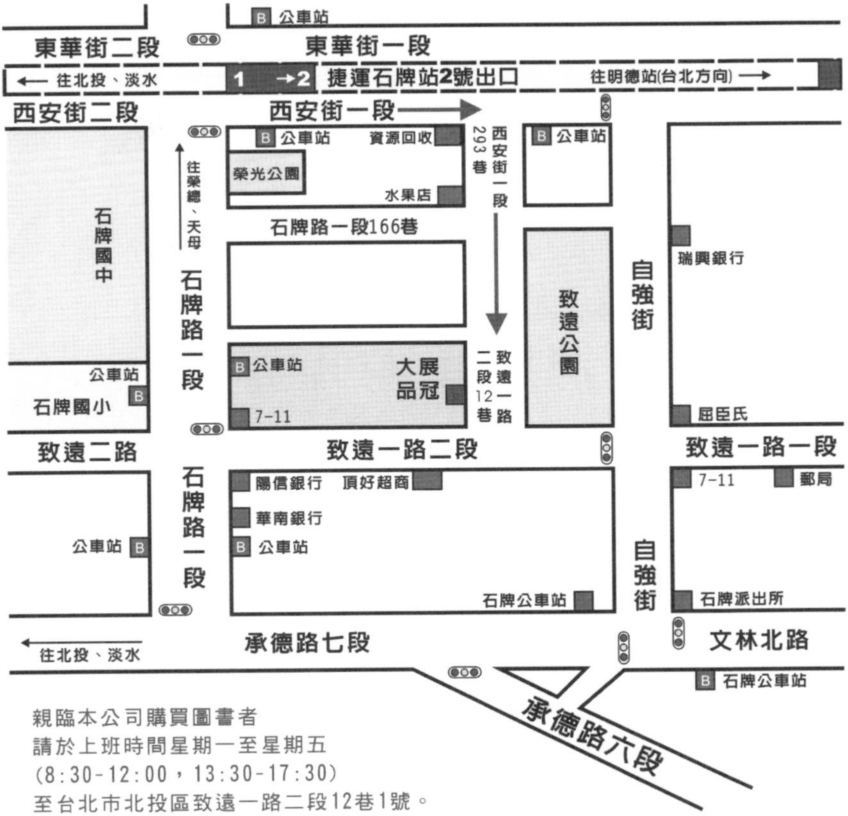

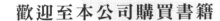

親臨本公司購買圖書者
請於上班時間星期一至星期五
(8:30-12:00，13:30-17:30)
至台北市北投區致遠一路二段12巷1號。

建議路線

1.搭乘捷運

淡水信義線石牌站下車，由月台上二號出口出站，二號出口出站後靠右邊，沿著捷運高架往台北方向走(往明德站方向)，其街名為西安街，約80公尺後至西安街一段293巷進入(巷口有一公車站牌，站名為自強街口，勿超過紅綠燈)，再步行約200公尺可達本公司，本公司面對致遠公園。

2.自行開車或騎車

由承德路接石牌路，看到陽信銀行右轉，此條即為致遠一路二段，在遇到自強街(紅綠燈)前的巷子左轉，即可看到本公司招牌。

國家圖書館出版品預行編目資料

山西　洪洞通背拳／李果鎖　著
——初版——臺北市，大展，2018[民107.02]
面；21公分——（中華傳統武術；27）
ISBN 978-986-346-198-2 （平裝，附數位影音光碟）
1.拳術　2.中國
528.972　　　　106023306

【版權所有・翻印必究】

山西　洪洞通背拳　附DVD

著　　者／李　果　鎖
責任編輯／張　保　國
發 行 人／蔡　森　明
出 版 者／大展出版社有限公司
社　　址／台北市北投區（石牌）致遠一路2段12巷1號
電　　話／(02) 28236031・28236033・28233123
傳　　真／(02) 28272069
郵政劃撥／01669551
網　　址／www.dah-jaan.com.tw
E-mail／service@dah-jaan.com.tw
登 記 證／局版臺業字第2171號
承 印 者／傳興印刷有限公司
裝　　訂／眾友企業公司
排 版 者／千兵企業有限公司
授 權 者／山西科學技術出版社
初版1刷／2018年（民107）2月

定　價／330元

●本書若有破損、缺頁請寄回本社更換●

大展好書　好書大展
品嘗好書　冠群可期